Die Originalausgabe von *Von Tschwirik und Tschwirka* und *Wwedenskij* erschien mit dem Titel *O Wwedenskom. O Tschwirike i Tschwirke. Issledowanija w stichach* bei Russkij Gulliver in Moskau 2010; die *Verse von Rom* erschienen in dem Band *Franzuskaja biblioteka* bei Nowoje literaturnoje obozrenie in Moskau 2007.

Umschlag: & Co www.und-co.at
Satz: AD
Druck: Theiss

ISBN 978-3-85420-831-0

www.droschl.com
Literaturverlag Droschl Stenggstraße 33 A-8043 Graz

Olga Martynova

Von Tschwirik und Tschwirka
Gedichte

Aus dem Russischen von
Elke Erb und Olga Martynova

Literaturverlag Droschl

VON TSCHWIRIK UND TSCHWIRKA
(Gedichte aus dem Roman über Papageien)

WWEDENSKIJ
(Eine Untersuchung in Versen)

VERSE VON ROM

TSCHWIRIK UND TSCHWIRKA

(Gedichte aus dem Roman über Papageien)

Von Tschwirik und Tschwirka schrieb ich parallel zu meinem Roman *Sogar Papageien überleben uns*. Deshalb hat das Buch den Untertitel »Gedichte aus dem Roman über Papageien«. Russische Gedichte aus einem deutschen Roman – sie werden sich wohl nie unter einem Buchdeckel treffen. Während ich diese Gedichte schrieb, stellten sich allmählich zwei für mich völlig unerwartete Dinge heraus:

1. Diese Gedichte sind die unlogischsten und absurdesten, die ich je geschrieben habe, weil alles Rationale und Logische in die Prosa ging.

2. Die parallelgeführte Unlogik hat zwei Lebewesen ins Leben gerufen: den Tschwirik und die Tschwirka.

Zu sagen, wer genau sie sind, ist schwierig (trotz der Ähnlichkeit der Wörter »schwierig« und »Tschwirik« ist Tschwirik seinem russischen Klang nach etwas sehr Leichtes, leichter sogar als Tschwirka). Tschwirik und Tschwirka zeigten sich nur stückweise, so, wie sich einem mittelalterlichen Mystiker Dämonen und Seraphim im Spiegel zeigten: Mal sieht man eine Locke, mal eine Zehe, mal hört man ein gedämpftes Lachen. Sie waren ziemlich kommunikativ, aber sie konnten nicht viel mitteilen, weil unsere und ihre Sprache so grundverschieden sind, dass ich inzwischen bezweifle, ob ihre Sprache überhaupt Wörter und Sätze kennt. Während Tschwirik und Tschwirka versuchen, die Sprachen der verschiedenen Erdbewohner zu entziffern, versuchen die Gedichte, Tschwirik und Tschwirka zu begreifen.

Zu den mehr oder weniger sicheren Ergebnissen gehört Folgendes: Tschwirik und Tschwirka verflogen sich, gerieten auf die Erde und blieben hier für eine Weile. Was sie gesehen haben, weckte in ihnen viel Neugier und Mitleid. Ihre Versuche, auf sich aufmerksam zu machen, hatten selten Erfolg. Am ehesten wurden sie von den Vögeln wahrgenommen, weil sie selbst etwas Vogelartiges an sich haben. Sie sind so anders, dass sie uns Irdischen (in erster Linie den Vögeln) nicht gefallen, komische, seltsame und unnütze Wesen. Ich aber mochte sie.

Alles, was ich über sie herausfinden konnte, ist in diesem Buch. Dass ich etwas herausfinden konnte, verdanke ich der Tatsache, dass die Kunst, wie absurd und unlogisch sie auch scheinen mag, eine hundertprozentige Sinnlosigkeit – im Unterschied zum Leben – nie erreichen kann, wie sehr sie auch darauf aus ist. Aber dieses Problem wird im zweiten Teil des Buches behandelt, in »Wwedenskij«.

Olga Martynova

Teil I

DER VOGEL KAGU

Rhynochetus jubatus, einzige Art der Fam. Kagus (Rhynochetidae) der
Kranichvögel; geselliger Vogel im Bergland Neukaledoniens, grau, 50 cm lang.
Die runden Flügel werden kaum benutzt.

Brockhaus dtv Lexikon

Siehst du: an der Bruchstelle ist der Sommer regenreich,
wie ein Pilz an der Bruchstelle vielleicht verwurmt ist.
Hinter dem Strahlenvorhang hörst du Gottes Tschwirik, der
schwirikert – was – weiß er selber nicht.

Sie spreiten ihre Federn und Schnäbel
und plustern sich auf in einem unschuldigen Schauer –
der Vogel Rhombus, der Vogel Kreuz, der Vogel Aureole
so wie auch die Vögel Dreiecke beide.

Und der Vogel Kagu vom fernen ozeanischen Eiland
gleicht einem gepuderten Höfling, bedudelt und eitel.

Papagein, Papaga, Papa, Pa,
wer hat sie (fahrlässig!) aus dem Paradies entlassen?
Ihre weißen Federn rupften sie sich aus der Brust,
und, rote Federn, fielen sie in die Furchen.

Die Vögel Pa aber schritten unruhig,
an der Bruchstelle knurrte die Krume,
und seine ti-ti und di-di tschwirikerte
Gottes Tschwirik im Parke oder Orkus.

Der Vogel Kagu, der verkommene Höfling,
schaut, den gepuderten Zopf aufplusternd.

In den schwarzen Käse fraß die Rabenkrähe
Sternenlöcher und flog fort.
Der Rabe hätte die Ohren gespitzt – doch hat er keine.
Das Pferd hätte gekräht – doch Gott gab ihm kein Ohr dafür.

Der Vogel Rhombus, der Vogel Kreuz und der Vogel Aureole
sangen ungekonnt zum Tschwirikern die zweite Stimme,
und beneidend blickten vom Himmel
die Vogel-Dreiecke beide.

Und der Vogel Kagu auf dem Eiland,
die Stiefelchen rot, die Perücke perückend.

Wo Gilgamesch und Enkidu
schluchzten und schrien,
standen die Kakadus um sie,
der Atemgang ihrer strammen Arme ergriff sie.

Wo der Glücksgott Ganesha tanzte,
kam Petipa in den Saal, ungestüm,

ein lockiger Falter,

wo der Garten von Versailles aufwuchs,
heulte das bittere Petersburg

und sein Strom zog Lisa ins Wasser.

Das klassische Ballett haben nicht wir erfunden,
sondern die Reiher über dem Fluß, die Weidenzweige unter dem Eis
bringen diesen Flug hervor.

Die nassen Frösche im Frühling, die dünnen Wurzeln im Winter,
aus dem Saale Vorzeitdunkel
sahen sie sie auf der Bühne, dem Berg.

Vier lange Minuten

1
Vier lange Minuten
lachte eine Schwalbe im Schlaf (*die Nächte sind kurz hier*)
und murmelte, und sie schwitzte unter dem Flügel,
seufzte dann auf und flog fort, sie hatte wo zu tun.

– Mit ihren Halbkreisen schnitten die Wiedehopfe die Luft
– (*Süden*)
– Der Morgen, wie Quark war er, blieb ohne Datum
– (*hienieden*)

Vier lange Minuten
zeigte der Regen mal die Krallen, mal zog er sie ein,
und Tschwirik horchte: *la-la,*
ein Musikchen fiel von Blättern zu Blättern,
fiel und entglitt (*verschwand*).

– es wird Zeit, zu eröffnen, wer Tschwirik ist:
– er hat keinen anständigen Anzug.
– tik-tik, sagt ein Vogel, der andere zur Antwort: *tschirik,*
– *also sag mal, was denkt die Tschwirka sich?*

2
Aber die Sache ist die, dass Tschwirik kein Vogel ist.

3

Er will etwas aufschreiben,
da löst sich das Heft in Staub auf.
Drei lange Minuten,
und das Heft ist gewesen.

Zwei Minuten – ein zerfallener Wald:
Trödel, Staub, Blöße.
Eine Minute (*nicht*) brauchte der Berg,
seine Steile in den Teich zu vergießen.

Tschwirik selbst war die Minute.

4

Oh, Tschwirik, wenn ich, ein lächelnder Schatten scheu,
gleite in diese Welt, die wir für Fleisch und Blut einst erbauten (*seltsam ist das*)
und in die Hänge der Bäume mit ihrem von Borke umschlossenen Leben fliege
hinauf …

Oh, Tschwirka, denk nicht daran, dann verlassen wir diese Länder.

Oh, Tschwirik, sag: ehrlich?

Oh, Tschwirka, meine Tschwirka!

Das hörten die Vögel und begannen zu lachen: *hi-hi*.

0
Und dahin ist diese Minute,
und dahin ist jene Minute,
die dritte, die vierte,
die erste, die zweite.

WER SPRICHT WAS

Wenn nicht mehr Zahlen und Figuren
Sind Schlüssel aller Kreaturen
Novalis

1

Der Kalender sprach: Die Glut der herbstlichen Blätter!
Ist es nicht schändlich, so zu reden?
Er wiederholte: Ja. »Der blätterlosen«. »Herbst«. »Kiemen«.
Nein, nein – so sprach er, und der Wald sang: kiwitt.

Wenn das Kupfer des Hufs auf der Schlange einst durchschabt sich,
schwimmt zu dem Felsen ein ergrauter Fisch,
öffnet das lecke Maul und sagt (aber nicht zu mir),
was die Fische sagen, kommen sie zu sich an Land: – – –

2

Zum Raben sprach Gott: Spielen wir
»Blume«, »Falter«, »Novalis«?

Wenn nichts als Zahlen und Figuren
den Flugweg zeichnen der Kreaturen,
wer mißt die beflügelte Frist?

Soll ich den Papagein, den gelehrten, sagen:

17

»Blume«, »Falter« »Novalis«?
Die Figuren und Zahlen hängen doch
an dem Weiberreim »Schulterjoch«
ungeometrisch und ohne Zweck.

So, da haben die Papagein ihren Schreck.

Emily Dickinsons Briefe
(Die Biene und der Imker)

> Are you too deeply occupied to say if my Verse is alive?
>
> *E. D.*

1

Die Biene, da sie ihren Kreis gezogen,
verließ die Runde und bog ab vom Bogen
(der Wiese, an der aufgeschlagenen Seite).

2

Die Biene fliegt ins Wiesenjenseits, leiblos,
und der Wiese bleibt eine pelzige Hülse,
und Emily steht dort, zu sehn begierig
durch das Loch nach der der Welt entflogenen Kugel:
das Bienenkorbjenseits jenseits des Korbs, die Jenseits-Wiese der Wiese.

Eine Biene hat sich im Licht verirrt
und summt, damit ihre Stimme nicht stirbt.

3

Fügsam geleitete sie hin in die Welt-hinter-der-Welt
die Bienen, Kleeblüten, Vögel, Freunde, die Anverwandten
und wen sie sonst noch liebte (ja, wen denn sonst noch?) –
und schaute
ihnen nach.
Das Gegenlicht,
das – augenblicklich und eifersüchtig –

den Garten ankohlte, gab keine Antwort –
leb wohl, leb wohl du, Herbarium aus dem Sommer.

4.
(Wo die samtenen Fellchen nicht mehr sind,
summt die Biene in Strahlengeweben,
so hats der Bienenapollo bestimmt,
auf dass der Bienenchor überlebe.)

5
Er, der im dunklen Jenseits der Wiese
leuchtete aus dem Imkerhutnetz
und der blätterte in dem Herbarium Licht
und las die Bienenschrift
und der Antwort Gras glattstrich,
reimte «bee» zu «Emily»
und fuhr heiter als Bö
in das sonnige Hiatus-Luft(loch)schloß »i«-»e«.

6.
Ich habe gelesen jetzt
dein Herbarium von Bienenbriefen:
auf einer pelzigen gelb-und-schwarzen Leiter
kamst in das Licht du –
und sagtest:

«Aber – im Dunkeln unter den Fellchen-Streifen
leben sie, meine Gedichte?»

7
Und er, der im dunklen wiesenen Jenseits
in dem Herbarium blätterte,
nickte mit seinem vom Netz umhängten Haupt.

Durch das offene Fenster schritt der Duft von Flieder

Durch das offene Fenster schritt der Duft von Flieder –
ein Sommerhaus.

Ich denke an Tschwirik und an die Tschwirka–
sie bestimmten schon damals die Laute,
ohne etwas zu wissen oder zu bedeuten.

    Ein Wolf sang drei Mal »Miau«,
    eine Pendeluhr fraß die Minuten.
    Ein Molf mang wrei Dal »Siau«,
    die Minuten fraßen die Pendeluhr.

    Netz, Ellbogen, Sandale,
    Knöchel, Handgelenk, Schläger.

Tsch – tschw – tschwi
r – ri – rik
(*so ruft die Tschwirka den Tschwirik*)
    die Minuten tropfen in das Kompott.

Ein Federball: ein Bogen oben + (wo bleibt er nur?) + ein Bogen unten.
Ein einziges Bein hat die Pendeluhr, hätte da wer gesagt.

Ich aber sage: am langen Hals (unten) ein Kopf – das ist der untere Bogen.

Und so hast du zusammen ein Sommerhausauge.

Denke dir, wir nehmen einen Kessel zum Beispiel:
Heute kocht Marmelade in ihm
und morgen schon Wäsche.
So ist es bei den Leuten:
Du gewöhnst dich an sie,
schaust dann – da sind sie Geflunker
und wehender Wiesenstaub.
(*So sprach die Tschwirka*).

Der Duft von Flieder schritt durch das Fenster hinaus,
das Zimmer blieb – allein, arrogant und dunkel,
wie ein Foto, hängt nicht an,
wie eine Pendeluhr, steht nicht auf, aber …

Und nur auf den Tapeten die Ewigkeit – schamlos, geblutet.

Wenn du vom Fahrrad fällst

Wenn du vom Fahrrad fällst, weißt du auf einmal,
zwischen dir und der Welt ist das Fleisch,
das so fein ist, so kapriziös,
dass es der groben und abgehärteten Seele
ein einziger Vorwurf ist.

Und weißt auf einmal,
dass du dem Himmel gleich bist, dem Wald, dem Feld,
wie ein Spiegel etwa –
dann denkst du: Ein SPILG,
wo die Spiegelbilder zuerst verschwommen sind,
dann überhaupt ausgegossen
und in die Freiheit gespritzt,
wie Fische, kleine, aus einem Aufzuchtteich,
wie Falter aus einem Garten,
wie vom Himmel Wolken,
wie von den Wolken Tropfen,
wie um Aronson* alles
zu flimmern begann, erlosch.

* Leonid Aronson (1939-1970), Leningrader Lyriker, starb bei einem Unfall
  (vermutlich Selbstmord) während einer Reise nach Mittelasien.

Die Vögel rasieren sich die Achselhöhlen vor den November-Feiertagen

Die verdorrte Luftschlange einer längst dahingegangenen Zitrone,
ein Tisch mit Splittern und Astaugen.
Ein kleines hungriges Insekt in einer Ritze.

   Aber niemand schaut.

Und da sind noch die Vögel, meinetwegen Spatzen –
der Schnabel, die Federn, die Achselhöhlen.
Kratzen sich mit dem Schnabel unter den Achseln, als rasierten sie sie.

   Aber ihre Achselhöhlen sieht ja erst recht keiner.

Niemand sieht die Träume der gefiederten Sänger,
vom geträumten Fest den Rest kann der Morgen haben.
Die kahlen Vögel in Käfigen, freilich, sie fliegen,

   aber niemand sieht den Flug.

Die Zitronenschale im Schimmel – wie Labradorstein,
wer ließ sie dort auf dem Sommertisch liegen,
kommt zurück zu ihr, findet Labrador vor?

Der Saft der herbstlichen Bäume – die karger werdende Gabe
der vielen Kenntnisse – wem?

TAMARA

am Kai der weiten Nacht
schaukeln wie Wellenbrecher
Planeten, saftige Kometen
und goldene Stachelschweine,
und Flugzeuge, und Satelliten.
Dort sind golden und stachelschweinen
die auffliegenden Zöpfe von Sträuchern,
dort laufen im Gehege die Ziegen
und denken, sie wurden vergessen.
Dort riecht es nach Heu. Und sind Schäfchen,
und Flüsschen, die einzeln einsam weinen
(einzeln ins Weite gelassen,
streben sie hin zum springenden Punkt)
auf der Karte der sausenden Hänge,
in den Rinnen des wilden Wehs
so dachte der Dunkle, Geflügelte,
so dachte der Schwere, Stumpfflüglige,
der zufällig hier vorbeisah,
da krauchte Lermontow heran an ihn
und flüsterte: »Schau: Tamara«.

Es saß in verwittertem Turm sie
und kämmte ihr goldenes Haar,
und über das Dach ihr Lied stieg,
sie sang es Georgisch und Russisch:

Oh, Jazz, meiner Schwermut Wellen,
oh, Pynchons Bird inmitten
tatü tata

oh, Bötchen und Vietnams Mützen
im hellen Himmel Libellen
tatü tata.

DER VOGEL BASSANATA
(RUSSISCHE DICHTER IN FLORENZ)

I

Hier babbelte Apollon beschwipst »Bassanata«,
und um die Städte Giuseppe, in die keine Rückkehr
gegeben war, nicht dass er weinte, das war eher wie ein Flicken,
gesetzt von ihm, wo immer er verwoben Marmor, Bronze und Gold sah.

Elf Bänder
hier
den Arno zu schmücken
Zier.
Mir, sage ich,
gönne einmal heute die Freude,
mich satt zu sehen an diesem Marmor, aber
wem nur sag ichs: dem etruskischen Geist des Arno,
dem russischen Ohr der Anna,
dem jüdischen des Johannes,
dessen türkisene Wannen
in der Klöster Badkemenaten, Zier, und in Unzahl, plätschern hier,
und darinnen erblüht und leuchtet die Blume, die ausgoss der Täufer?

II

O Bassanata, du Vogel, trunken und weise!
Wie in goldenem Gefieder und leichtbeschwingt bist du noch heute!

Nicht das nimmt wunder, dass die Fröste verschwinden am Ende des Winters,
sondern dass die Frauentagsblume Mimose sich noch reimen soll auf seine Eise
und dass im (Quer-)Licht kupferrot und nicht harngelb scheint gegen Abend der Arno,
und dass Teufele klettern ins Fenster, Gespenster,
und hinaus aus dem Fenster breitet
ihre Flügel die hungrige (aller Zeiten)
Bassana-Bassanata,
lebendig bislang, sie spricht:

Stirb hin, Florenz, ich vergesse (nicht)
deine Greisinnen, die verrückten,
deine hochweisen Beatrices,
sie werden sich nimmer finden.

Und die grauen Bänder
des Arno und des Trece-,
des Quattroce-,
Cinquece-
und jedes weiteren Zwitscher-ce-nto
flickten den Eingang zu, Florenz, in dein Paradies.

Teil II

TSCHWIRKA SPRICHT MIT EINER LIBELLE,
WÄHREND TSCHWIRIK IM KRIEG IST

– Libelle, was fliegst du denn noch,
bei fast völliger Dunkelheit,
du flickst unsichtbar Löchlein an Loch
im verborgenen Loche Zeit.

– Oh, Tschwirka, ich fliege, verfliege,
beinahe ein Schatten am Him-
mel, wie ein Salz-Ausschlag fast aus dem Dunkel,
und kann keine Ruhe fin-

– Libelle, als ins Raumlose dich
einzeichnete mein Tschwirik,
dachte er an eine kleine Bruderschaft
von dir unbekannten Spiegeln.

– Oh, Tschwirka, sie hat sich gespiegelt
einmal auf meinen Flügeln,
wie dumm, dass ich nicht verstehe,
dir davon zu erzählen.

TSCHWIRIK IM KRIEG

Ich kam noch nicht um
Im fremden Daheim,
Noch beruft mich West-Ost
Zum Feldzug ein.

Meine Müh im Heer –
Eine Kreisumkehr.
Der Bruder mein
War verkehrt der Feind.

Mein Feind ist Glut, mein Bruder Glut,
»Lösche du aus deine Hand«,
Sagte da Kamerad Ding-Dong,
»Diese Zielscheibe aus mach du!«

Verdecken wird mich Ding-Dong,
Mit Flüstern verdecken: Ting-Tong,
Und ich verbrenne die Hand,
Mach ausgehn die Zielscheibenglut.

Und es kommt ein Vogeltag
Im fremden Heimatland.
Und mein Freund geht fort
Nach West und Ost.

Rechts? Hinter dem Rücken?

Ein Computer, na sicher, ein Computer,
die Wand, das Fenster,
doch wo ist es,
rechts? Hinter dem Rücken?
Es ist seltsam zu wissen, wo das Fenster ist,
und nicht zu wissen, es ist
unter die Wand gerutscht.
D.h., nicht wissen zu wollen, wo das Fenster ist.
Der Wald – ein kristallener Fluss. Nicht von innen,
mit seinen kleinen Tierchen, großen Tieren
und dem Zwitschern im Dickicht.
Sondern nur,
was man von der Straße her sieht.
Von der Mietkutsche, und sie frieren.
Da ist er. Da ist er. Aus Blech und gelockt,
vom Herbst wie von Lava begossen.
Wie verrenkt, durchgedreht in seinen Träumen.
Der Wald, der Flachs (seine blassen winzigen Rasseln), der Bach,
der Wald, der Flachs (er ist nicht mehr blau), der Bach.
Twitschach, Twitschach, ohne Pünktchen Pünktchen …
aus den (w)irren Ticktacktagen.
Man kann sich nicht merken,
welcher Vogel, was er doziert.
Welcher *Twitschach* sagt,
welcher *Tjutju*,
und wer da hält den Schnabel.

Und besonders dies, dass man nicht begreift,
und sich niemals merken kann, falls man begreift,
welcher von ihnen schweigt.

Tschwirka, beschwipst vom Winter (1)

der Mittelteil eines Profils, frischer Schnee,
der Frost ist eröffnet wie eine Vernissage,
ein Hocker fliegt aus dem Himmel,
eine Taube fliegt zur Massage,
in ihren eisigen Federn
haftet Geziefer –
milde Milben,
die sich des Süßwassers nimmer entsannen,
kaum dass sie flogen,
sie zwitschern angesichts der blassen blinzelnden Sonne:
»Wohin ist die Taube gezogen?«

Tschwirka schaut in die – wie der Himmel goldenen – Schneewehen:

»O Frankreich, wo stehn deine Reben?« –
murmelt die Tschwirka beschwipst.

Tschwirik kommt und rückt alles zurecht:

Ein klares Profil fügt er in Kopfmitte ein:
als den Schatten eines Teufels im Schnee, am dritten Ufer von zwein.

Tschwirka, beschwipst vom Winter (2)

A rosa upala na lapu Asora.
(Und die Rose fiel auf Asors Pfote.)
Palindrom von Afanassi Fet

Auf den Schneekristallgittern des Winters
herrscht Winter, der Winter spricht:

Ein Eisklümpchen-Vögelchen fiel auf Asors Pfote – das ging nicht,
d.h. rückgängig gings nicht,
es fiel und liegt da
(einfach so).
Asor blickt erstaunt: sein Knöchel hat Flügel,
na, dann flieg, spricht er.

Die goldene Minute in Tschwirkas Gebiss
tut weh.

Da schau die Rose ist grau* –
murmelt die liebe Tschwirka –
Asor ist im Arrest*, aha.
O Tschwirik, warum haben wir das nur in Gang gesetzt.
ich mag deine Geschenke in dieser Welt, geschaffen für Fleisch und Blut.
Aber Asorka weint, umarmt ihre Asorchen:
Asor ist im Arest.

* *na wot sera rosa ↔ asor arestowan*
  (zufällig noch ein Palindrom)

Die graue Winterrose schau flog in die Höhe, vorbei
am Dach eines Winters ohne Schnee und Leib,
das Kugelvögelchen Mond an der Stange hing schief,
sank ins Wäldche um, piepste so lieb
untröstlich und rief:

Auch die Umgangssprache der Nachbardummheit,
auch das Plapper-Idiom der Schnee-Ausstattung,
und Zwischenstromlandessprache, doppelzüngig, Zweistromredefluss
eines rabenpockigen Unheils
und die Abweichung von der Bewegung,
und die Ablösung aus dem Flug,
die Nacht steht bloßgestellt schneelos
und wehlos ihr Dunkel geht ohne Schuh ...

Alles das ist das Werk der Luft,
alles das himmlische Liebesmüh,
all die vergessene Musik,
all die Musik außer Kurs.

WARUM TSCHWIRKA DEN PAPAGEIEN NICHT HELFEN KANN

God damn! gewissermaßen
und streng genommen
Jelena Schwarz

Die Leuchttürme tun was sie können
Gregor Laschen

Dre-l' Drehbohrer)? *Dre-wo* (Baum)? *Dre-nash* (Drainage)?
Die Wörter mögen nicht enden
in die Fremdsprache, *Dre-*, spring! dreh durch!
Unwichtig – das alles bedeutet nicht viel.
Gelichter am Leuchtturm, das Meer ist zusammenhanglos.
Was können sie, Leuchttürme?
Ein Sinn für die Seeleute irrlichtert
an Leuchttürmen doch? Nein? Umso besser.
Meeresaufgang, Weltkräusel kitzeln
die spitze Zunge, die Blut geleckt hat.
Eine so blöde Verblendung,
Knallfröschen gleich, Farbschaben, Schokoladen.

Über dem dunklen Meer schwebt Tschwirik,
doch er kennt unsere Wörter nicht,
sonst, Jelena, eilte herbei
Tschwirik, zu helfen im Wasser dem Papagei.

Sonst bräche Tschwirka in Schluchzen aus
und trüge in ihr geflügeltes Häusle
das rot-goldne, grüne
und bläuliche Häufle.

TSCHWIRKA FÜRCHTET SICH

Fort ist der Sommer gesegelt
auf unerwartetem Besen.
Fraß das untere Licht und stellte sich
als Schüssel voll Beeren ab auf den Tisch.

Die Laterne gruselts zu schwanken,
den Abend ziehn Streifen ein.
Das Milchflüsschen rinnt verlangsamt,
der Schlaf fängt den grützbraunen Hain.

Dünne durchsichtige Ringlein,
des Windes Kiemen-Flösschen,
atmet das Holz. Und die Finger
wärmt sich der Herbst am Flüsschen.

Die Kuh sich im Flüsschen erging,
zu spülen ihr Euter-Linnen.
Sie fraß das Wort, fraß von links
den Busch ab von den Spinnen.

Vom Hof vertrocknet die Miez
im Chlorkalkdunst seines Abtritts.
Der Anti-Tschwirik marschiert,
trarara, weißbemützt, ein Satyr.

TSCHWIRKA SUCHT, WIE MAN FORTKOMMT VON HIER

Denn das ist es, Lichtung und Sumpf liegen jetzt offen so bunt –
weggegeben an das Rasseln des Winds.

Das eben, dass die Blätter nicht springen vom Wind, sondern unbewegt wimmern,
das, dass das Licht durchbricht und so gescheit ist.
Der Trampelpfad hat das Getrampel versenkt,
das Licht riffelt das graue Gewebe des Nebels auf
und wickelt es auf ein rotes Knäuel.
Der Wind kratzt sich an einem Stamm.

Eben, dass der Wachholder im Himmelsgrau fliegt,
es knistert der elektrische Wind und – wupp! – die Elektronen im Durchzug,
eben das dann, dass alles still ist.

Das ist aber nicht ganz so, sagt da wer,
das stille Licht kriecht am Boden unter den Blaubeeren umher,
es hat Angst, man entdeckt es.

TSCHWIRKA UND TSCHWIRIK FÜHREN EIN GESPRÄCH, WÄHREND ALLES ANDERE SCHLÄFT

– Tschwirik, als wir uns mühten
um unser Licht, dass es das tagigste sei,
und die lichtreichsten Luftteilchen wählten
aus unserem Vorrat an Zeit,

wussten wir, Tschwirik, wussten wir nicht,
dass uns dieses Licht wie ein Kerker
einsperren würde, uns Kinder
der für uns veraltenden Welt.

– Meinst du nicht, Tschwirka, dass dieses Tempo
wie ein Schmetterling entfloh
dem sanften langsamen Mund,
um den Zeit-Rundschneider zu bremsen?

– Ich weiß nicht, Tschwirik, ich habe nur Angst,
dass ein Raureif von außerhalb der Zeit
dieses Licht nur nicht einem Staubregen gleich
fallen lässt in ein unerhörtes Tra-ra.

Tschwirka in einem Museum

Bäume wie auf dem Bild »Die Saatkrähen sind da«,
nur ohne die Krähen.
Seltsam, ohne sie
ist die Luft zwar still,
sieht aber nicht so erschöpft aus,
spielt mit des Laubs nassen Zöpfen.

Die Bäume: jeweils »für sich« und »für sich«, wie Tschwirka und Tschwirik.
Und wenn die Krähen gekommen sind –
fressen sie alle Luft,
trinken dem Tag die Distanz weg,
vereinen die einzeln fliegenden Zweige mit sich.
Gepaart! Gepaart! Gepaart!
knarren sie, wie auf dem Bild »Die Krähen sind da«.

Der Schnee, die künftigen Saatkrähenfüße in ihm –
seine Dreizahn-Runzeln.

Die Krähen sind da.

TSCHWIRKAS TRÄUME

1.

Tschwirka kennt weder Schwitzen noch Frieren,
nicht Hungern noch Lungern,
nur Gleiten, an die Luftfalter Rühren
ist ihr Fleiß und Preis, ist ihre Lust und Müh.
Ein Grauschimmel, sieh, eine Scheune, Wacholder,
ein aufdringlicher Traum,
Schlitten, hell in der Umlaufbahn.
Der Wacholder verliert sich, Luft mit Lücken im Bilde des Strauchs,
es schaut im Traum auf Tschwirka ein Müller, vergoldet.

2.

Eine Eule, gehöhlt in, Durchbruch, die Scheune,
und Graus einer Maus.
Einer Fledermaus raubender Graus.
Das Wasser schneidet Grimassen, kraus
auf dem Glasstückchen, von einer Bö.

Es gießt ringsum, dass ins Schlingern
die Scheune geraten scheint, »Adieu, Schwesterherz« –
krähte die Eule entsetzt.
Viele Male wurde heiser der Herbst,
wie gerüttelte Gatter knarrten seine Gänge/Gassen.
Aber jetzt ist es still, Morgenfrost kam in den Garten:
viele Halme verdorrten.
Nur die Eule kräht immer noch.

Wer hört sie jedoch?
In der Kutte der Koch?
Wie Kindlein kichern die Mäuslein bei nicht recht verständlichen Worten
einer öfter lächelnden Lady.
Die Eule überkamen Zweifel am Flug.

3. (Traum-Abzählreim)

Im Unlicht schnappte den Star das Licht.
Ein Kirschbaum zeigt sich im Halbprofil.
Harz fließt ins Astloch, dort haust das Un.
Die *Ungerade* zahlt die Rechnung nicht,
sie zählt nicht, es zahlt die *Gerade* ihr Spiel.

Und ein Zweiglein wächst auf dem Baum,
man sieht ein Bulettchen ein Brötchen kaun.

Und längst fiel die Nacht in das läutende Astloch.

Antlitze über dem Garten, hinternach Sodom und Salz,
gefolgt von Brot und Salz.
Ein Kettchenglied im Kettchen der Maulbeerbäume,
wo der Seidenspinner sich in die Netz-Nichtse kringelt,
in die fliegenden Seidenfädlein, feinen Seidenfädleinen,
wo die Flügelchen steckten, die Flügele sich versteckten
in der trockenen Stickluft der Steppen,
in der hohen Lohe, der lachenden Lacherei, huh!
Und dran bist, ei, du!

4.

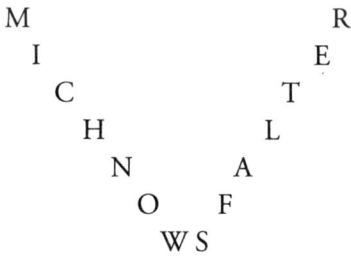

*

Meister Lampes weißes Lämpchen Lama
Das Lama läuft im Gras
Es ist orangen das Gras grün
Auf schmalem Pfade ein Falter
Kein Wink mit dem Flügel
Um den Orkan nicht (auf)zuscheuchen

Das Lama läuft im Gras
Ein Wundertier
Eines Nebelfells Fetzen
Fiel auf den Falter
Das Gras hier weiß nicht
Wieso der Falter erstursächlich

IST NICHT GLEICHFLÜGELIG

---

* Jewgenij Michnov-Wojtejko (1932-88) – Leningrader Maler, für den der Lyriker Leonid Aronson ein Gedicht »Michnows Falter« geschrieben hat.

Es ist schwierig, einen grauen Engel in einem grauen Himmel zu finden

1

Zwei kleine blaue Körper im blauen Himmel –
man sieht die Tschwiriks von der Erde aus nicht.

Zwei kleine Körper im Sonnenball glimmen –
man sieht die Tschwiriks von der Erde aus nicht.

Im blassen Monde zwei Quecksilberschatten –
man sieht die Tschwiriks von der Erde aus nicht.

2

Zwei Schäumchen im Schaum der Meeresgischt –
man sieht die Tschwiriks vom Monde her nicht.

Zwei Schimmer in flimmerndem Schnee und Licht –
von den Sternen her sieht man die Tschwiriks nicht.

Zwei im Dasein verirrte Demiurgen:
Im Feuer von Rappe und Schimmel verborgen
sind sie – Schimmel und Rappe.

Tschwirka lernt Vokabeln und versucht zu begreifen, wozu sie gut sind

Des tiefen Waldestiefschlafs Dösen döst die Tage lang.
Ihr Blättern hüpft wie L(a)ettern, nur ohne Brillen.
Der Sinn erwachte um seines Absprungs willen.
Nicht springt der, der nicht sprang.

Nimmst du fünf Wörter aus dem Wörterbeet,
frisst sie dir ab das Sündenböcklein,
Und dir bleibt, dich zu finden darein.
Da befiehl du fein, wenns nicht geht.

Und greifen die fünf Wörter sich dich,
und du weißt davon nichts, das ist, als hättest du nicht, was da ist.
Aber freilich die, die du aufliest
(wenn freilich das Böcklein dir sie vorweg nicht frisst),
die kannst du nachher unterscheiden, sie aus dem Korb heraus
dir vornehmen, waschen, herunterschneiden, was Wurmfraß ist oder Laus,
der Rest dann ist brauchbar,
bloß bleiben, wenn es hochkommt, am Ende fünf wacklige Lettern,
wenn auch womöglich ganz nette –
(Oh, ich brauche den Worthobel, erinnere mich, Tschwirik!).

torschluss tür schloss halbe höhe geschoss dass euer schloss nicht nass
nachtmahr morsch mähre moor
macht kalt
wassermann sprengtspringt im hainhinterhalt
und girrt quakt und blakt
irgendwo links mittendrin

auf brennenden branntweinschnellen
in der scheune die wo unverschlossen
heult der hecht mit den flossen
der kater beblinzelt verdrossen
wer in den trog wirft die worte
in den winkel fern nah ein waldwichtelwicht
der zu fuß geht fürchtet sich nicht
denn er weiß nicht wer hier das sagen hat
der zu pferde schwimmt heran
und läuft sich die absätze ab
bach ach dach knach
omen ofen oder opel
wotan wonne monat mai
so denn ei die schöne jungfrau
appetithappen versandte

stopp

stopp stopp stopf nicht

Tschwirik erdachte das Erdengeschick

Tschwirik erdachte das Erdengeschick.
Was wäre zu sagen dazu? Es scheint ihm gelungen.

Aber Tschwirka sagte zu ihm:
»Ich werde hier welk.
Komm, wir kehren zurück.«

Und Tschwirik erbarmte sich ihrer.

WWEDENSKIJ

(Eine Untersuchung in Versen)

Herr, erbarme dich meiner
Leonid Aronson

I

(Wie listig und nixengleich locken die Bücher –
Ihre Flossen knistern unhörbar unter der Hand:
Es kitzelt die Finger und lachen machts die Papier-Lorelei)

Da sitzt du zum Beispiel im Sessel,
durch die Gardine lecken Sonnenkuhzungen die Seite,
du liest die »Kreutzersonate«,
du denkst, es wär fein, eine Freude zu schicken dem Alten,
ihm in die Wolken zu schreiben:
»Jetzt habe ich die ›Kreutzersonate‹ wieder gelesen,
unsere allgemeine Unvollkommenheit hier hatte mich traurig gemacht« –
zu Goethen hin, der auf der Wolke neben ihm schläft und schnauft,
pflügt er Furchen im Bart vielleicht dann
und schlürft bescheiden vom Regenwasser.

Bücher sind blättrig wie Fischfleisch.
Ich halte die beiden Bände an den weißen Kiemen
wie einen Einkauf vom Fischmarkt.
Ich weiß noch, wie sie die grauen Mäuler auftaten,
doch vom Verkäufer gabs einen Schlag auf den Scheitel –
und in den Schuppen blieb ihre Zeit stehn.
Ihre Hinrichtung ist verständlich und klar,
Gottes Weltenplan ist ja der Blinker,
und der Fisch ist Gott, trotzdem,
in meinem Landwege-Traumgang
tut es mir weh, wie wenn als den Steigbügel mich
ein Sporensternchen zwischen die Zähne sticht
und ein rostiger Dorn pickt am Gaumen.

Nicht immer kommen auch die beiden Bände, die weißen[1],
aus den Netzen, die der Verstand sind, frei,
und gelingt es nicht, dann
wird weich das Metall Unverstand,
tollt wie ein junger Hund,
rollt sich wie Wasser,
das sich selber aufleckt:
((*Und die Luft fegt das Meer,*
Wie wenn Metall es wär) –
das ist eine höchst gewöhnliche,
höchst einfache,
höchst wahrheitsgetreue Beschreibung des Meers bei bedecktem Himmel und Wind.
Doch sie steht auch im Text in Klammern).

Alles, was das Bewusstsein in Hast verbunden hat und verwirrt,
schon in der Wiege, über dem rosigen, runzligen Ich,
wie willst du das entwirren? –
Hör, hilf mir heraus aus der Logik der Wörter,
sprach ich zur Vernunft aus der Wiege,
in die Nonsensverknüpfung, -knotung –
doch die Vernunft hat kein Ohr
für von Babys ergangene Gebote.

II

Wwedenskij über Charms: *Sehen Sie, er mag Hunde mit glattem Fell. Weder Tod noch*
Zeit interessieren ihn ernstlich.

Das war gereizt gesagt.
Ich denke, als er das sagte,
saß er auf einem Igel und sein rechter Fuß glitt über die PC-Tastatur mit den Zehen
(so vergalts ihm die Zeit, drehte ihm Anachronismen in seinen Scheitel),
wie Zähne waren die Tasten: *Wo du auch drückst, sie tun weh.*

Die Teufel früher kochten und die Würmer benagten
zahnlose Schädel.
Heute aber steigen wir mit herrlichen Zähnen ins Licht(Dunkel) hinan(hinunter),
kostbarer noch als Phosphorschildkröten.
Die vor uns gingen, sind anscheinend gekränkt,
sie nörgeln: Portfellantfähne – follen fich fchämen, ift doch blamabel.

Und überhaupt: jede Beschreibung ist ungewiss. »Ein Mensch sitzt, über seinem Kopf ist
ein Schiff« ist gewiss richtiger als »Ein Mensch sitzt und liest ein Buch«:

Ich spuckte das Wort – wie einen Kirschkern – in die Hand,
dann warf ich es unauffällig in den Fluss,
Ein Herzkirschen-, ein Sauerkirschbaum wuchs auf dem glitschigen Wasser
und sah zum Himmel, aber es gab diesen Himmel nirgends,
ausgeweint hatte der Himmel all sein Grünblau in das hohe Ried.

Wäre das Wort weniger als ein Samen,
trüge es keine Liebe in sich zu Nonsens[2] und Dunklem.

III

Ringsum könnte Gott sein –
und das steht (d.h. dieser mögliche Gott steht) rings um die Möglichkeit eines
Nichtverstehns[3] und verstellt die Sicht auf sie.

Gut, irgendwann sagen ohnehin alle alles.
Erst recht dann, wenn in einer milchigen Wolke,
die einem geblähten Handschuh gleich hängt,
einem schrecklichen Euter gleich, berstendes Feuer sich ballt
und Deines Dornbuschs Flamme herangereift ist,
niederzubrennen die bequeme Wortohnmacht.
Angst verlieh mir die Gabe der Rede,
ich sage: Oh, Du, der sein könnte rings um uns,
Deine Werke gefallen mir nicht,
ich spreche wie zu einem Kollegen, ich habe darauf das Recht der Zunft,
des Staubs (denn zum Stelldichein im Staub hast Du mich bestellt),
der Atemluft (da sie Dein Atem ist)
und vor allem des Hahns, dessen Innereien gegessen sind.
Freilich ist all das sehr nett,
all diese Bergrücken, Wolken, Baobabs, Schmetterlinge, Mücken, Maulwürfe,
anmutig auch die farbenfrohen Menschen,
das war ein glücklicher Gedankenblitz,
sie zu Bleichgesichtern, Schwarzvisagen, Rot- und Gelbhäuten zu machen,
dennoch liebe ich Deine Schöpfung nicht.

Wunderbar auch ist die blaue Luft, die die Zeit kaut wie die Kuh,
alles, was für uns blieb, war – dem den Namen zu geben,
nichts, aber auch gar nichts ist uns hinzuzudenken vergönnt,
was nicht schon von Dir gedacht war:
Die Jungfrauen ziehn die Drachen an ihren Hahnenschnäbeln zum Schlachten,
der Rose Gewind windet sich ein Gewein von allein,

der Basilisk reckt seinen scheckigen Schuh in den Himmel,
das Tier mit dem Schuh als Kopf,
die Butyrka, den Knast, im Sonnengeflecht, die Pulle unter den Leisten,
und Hände wie beim Dorsch – aber bleibt dennoch verbunden
mit dem Engel Deines Willens, seiner vergoldeten Trompete, und freilich
schrecklich nett ist das alles,
aber
ich glaube, dass Du die Details nicht durchdacht hast,
allzu fix hingepfuscht kommt mir der Film vor.

Ich spuckte das Wort – den ausgefallenen Zahn – in die Hand,
ließ es dann in den Fluss falln unauffällig.
Ein Kiefer wuchs empor aus der hohlen Welle
und schwamm hin zum spiegelnden Blinker.

IV

Wie dachten die Stoiker über den Tod:
Muskulöse Gedanken in den welken Tüchern der Angst
fegten den Himmel ihnen zu Häupten,
der runzelte sich wie das Meer,
auf ihre Köpfe schüttete sich der warme Ruhm aller Zeiten,
und Flocken himmlischen Lachens
setzten sich fest an den klebenden angstfeuchten Kleidern.
Vom nassen Mundhimmel Gaumen tropften trockene Worte.

(Die Wächter, in der Stadt, verlachen mich, denn die Vögel pickten den Weinberg leer,
überall ist glitschiger Stein, wohin ich den Fuß auch stelle,
mein Bauch, der wie der Mond sein soll, rund, glatt und kühl, brennt wie die Sonne,
meine Vernunft, die flammen soll wie die Sonne, verkühlt zum froschenen Mond,
ich beschwöre euch, ihr Töchter zu Jerusalem, bringt mir keinen anderen Bräutigam,
lieber möge diese feuchte Nacht sein um mich,
stehn möge ich über den perlmuttergelben Hügeln
und meine Haut möge brennen und nicht zu Ende brennen,
und verlachen mögen die Wächter mich, und mögen die Füchse schnüren.)

Tag und Nacht mit den Wespenkolben messend des Wachens und Schlafs,
hängen wie Blinker die Menschen im sandenen Strahl,
von seinem Oben ebenso fern wie vom Unten.

Das Leben hat die sterblichen Träume belauert
und ausgeplaudert.
Seine Decke hat Löcher.

Und durch die Risse[4] stinkt
faul und gefangen unter dem Schädel die Nuss,
in der Gott ist, und die Sünde, und der Saal seiner Kurzweil und Lust.

V

(Hier seid ihr zu zweit. Sonst, jenseits dieser Szene, bist du immer allein.)

»Zu zweit« gibt es drei,
die sich sehen können ohne die Augen Dritter:
die Liebe, das Gebet, die Todesstunde.

(Der Geschlechtsakt, oder etwas diesem Ähnliches, ist ein Hergang.)

So hat, das Rad der Liebe

(Alles löst sich auf in die Teile des letzten Todes.)

vereinigend mit dem Rad des Todes,

*(Ein Unheil, nicht wiedergutzumachen. Der gezogene Zahn. Hier fällt der äußere Hergang
zusammen mit der Zeit.)*

Er einen Roller gebaut.

So das Rad der Liebe mit dem des Todes vereinend,
fahren alle einen ziellosen Roller:

Ohne Frau, ohne Mann bist du immer nur selbst und selbst,
doch mit ihr/ihm gleichsam in Zwei-Personen-Kajüten/Kammern/Krankenzimmern.

Jener Ringsum, euch vereinend, misst
unmerklich nach eurer Leben Gewicht:

Ohne den Tod bist du immer allein,
weil du zu ihm geboren bist.

Hier tritt her das Wort niemals
und das Wasser – nicht warm mehr – gibt euch ein,
auf Erden keine Fische zu sein,
sonst könntet ihr fliegen.

VI

Sabolozkij schrieb Wwedenskij einen Brief[5], etwa so:

Ein Mensch sitzt vor dem Computer.
Ringsum, wo es nur geht,
liegen Bücher.

Das ist denn doch wohl richtiger als:

Ein Mensch lag, gerinnend
zwischen Espenkäfern und Festtags-Igeln,
sich nährend von Heeressteckrüben,
nach des Vorfahrs Vermächtnis,
als inzwischen wie im Zwickel
der Unterm-Schnee-Wurm wetzend winselte.

Das ist denn doch wohl richtiger als:

»Ein Mensch sitzt, über seinem Kopf ist ein Schiff.« –

Das ist denn doch wohl unrichtig.

Im Wesentlichen sähe, was er sagen wollte, etwa so aus:
Die Zeit ist Glück,
das Glück Bürde,
ich – fürchte mich.

VII

Ein »Unschönes Mädchen«[6] schreitet in gelber Jacke, um den Hals einen stachligen Schal,
Laternen auf dem nassen Asphalt, Gekräusel auch von ihrem Schuh,
daraus wird (später) eine vergessene Chiffre,
welche (viel später) abgedruckt sein wird in ihren Runzeln,
sie lächelt, Stadt, Fluss, Kolonnaden,
ein Eisstück knirschte unter der Sohle,
und was ist Schönheit?
Das ist – Stadt, Fluss, Kolonnaden,
ein Eisstück, das sich den Mond fing.

Ein langes nicht sichtbares Rohr,
verlängernd ein Schaurohr aus Zeitungspapier,
ein Kreislein klare Welt am Ende der Sicht,
aber dort ist kein Ton, keine einzige arme Freude,

der Ahorn hat sterben und auferstehn können,
wie Gilgamesch.
Die Vögel konnten Eis werden schon
wie das Gekräusel von ihrem Schuh.

Und das Kreislein bringt
keine Letter, keine einzige arme Freude,
der Tag schweigt wie Lehm,
wartet, was wird
(aus ihm).

VIII

Spinnenfiguren
geometrisch und leicht,
und ich fürchte, sie wissen, wozu so deutlich
der Gitterschmuck ist, den sie spu(c)ken.

Die langen Strahlen am Abend, die kurze Lust.
Ich bücke mich, ich zerdrücke
Salbei, der bestreut scheint, wie mit Zeit.
Seine bittere trockene Kühle
ist ein Vorwurf dem, was da formlos und heiß gluckst im Leib.

Oder ein Teppich. Die Seidenfäden
wissen doch nicht, was ist das: ein Kopf,
Zahnschmerzen, flammende Begierde,
Erbrechen, graue Haare und üble Wörter.

Oder die Hortensie. Ihre
Nüstern blähen sich nicht, wittern sie
das Aroma von reifem Wein.

Oder die Spinnen. Gleichgültig ist ihnen
diese Schande, dieses Gestöhn,
öde und schal,
wie mir das Gitarrengegirr.
Oh, wenigstens du sprich mit mir,
abgelebtes Jahrhundert,
bist auch dunkel du wie das Rückenmark,
bewahrt deine Träume mir die Innenhaut doch der Augenlider.

IX

Wie verwundbar Buchstaben sind!, auch sie liebt der Tod,
und die Luft wartet zu, die Erde, das Feuer, Wasser,
mir nichts dir nichts können die Lettern brechen, brennen,
zerfallen, ertrinken,
Winter und Krieg lauern auf, Belagerung, der Arrestantenweg
und allerhand *Dumme* sonst[7],
mir nichts dir nichts auf immer verschwinden sie.

Der Rabe – Nevermore – Lenore.
Rilke: Kirschkern – Tod

    (Eine Freundin sagt: das ist ein logischer Widerspruch: ein Kern heißt neues Leben,
    ich sage: nein, Rilke schreibt, wie der Schoß einer Schwangeren nicht nur das Leben,
    auch den Tod in sich trägt, so auch der Kern einer Frucht usf. …
    Sie: Nun ja.)

Während wir das reden, haben wir ein Schiff überm Kopf,
zu Füßen aber – eine fremde Fahne,
die Zeit hat ihr unverständliche Lettern hineingefressen
wie die Bilderbuchmäuse dem Käse.

Um die Schafe zu zählen
oder den Laut zu rüsten zum Marsch ins Jenseits, ihn zu kleiden für seinen Weg –
warum hat, die schlanken braunen Finger erwärmend am Lehm,
der langäugige Sumerer im Hobelspangeringel seines Bartes Lettern erfühlt?
Was barg er in den tönernen Keilen?

»Kinder, der Überfluss an Steckrüben führte dazu, dass man die Gefangenen leben ließ.
So entstand die Sklaverei.

65

Der Überfluss an Lehm ergab, dass man in ihm die Laute bewahrte.
So entstand die Kultur.«

Da ist eine Höhle:
Pferde laufen fort,
Pferde laufen, ihre Mähnen verspäten sich,
der Zeichner rettete sich vor dem Schluckauf des Sterbens.
Die Pferde entlaufen, die schönen, nicht übereilten.
Meine Buchstaben sind in der Höhle, das Wasser in ihr ist dunkler als in den
                                    schwartzen dicken Wolcken,

Doch halten sie aus,
geduldig wie Fische.

X

Einmal meinte Wwedenskij zu seinen Freunden, die, die am Meer leben, seien glücklich.
Das Meer – die Zeit – das Zeitmeer – die Meerzeit –
Eine alte Wochenschau: Jungen laufen um die Wette mit der eilenden Woge,
Schnurrbärte, riechend nach Tabak / schwarzweißer Liebe zu dem verwilderten
                                                                Stamm der Kinder.
Die seltsam hohe Stimme des Sprechers, ein Fräulein, das uns den Rücken zukehrt,
hebt den Federballschläger, ihr Schulterblatt, unter der Haut in Gang wie bei
                                                                einem jungen Raubtier.
Die Lehrerin sagt, unsere Stadt wurde von Peter errichtet
auf Knochen, ich, weil ich diese Knochen nicht sah,
glaubte ihr, doch verstand nichts.

Seichtes Meer im Norden, hier bei mir.
Tiefes Meer im Süden, das sich wohlig dehnt.
Die am Meer leben, nehmen allzeit die Zeit wahr,
sie zeigt sich cool, mit dem letzten Chic,
die erwachsenen Frauen in den unheimlich glimmend leuchtenden Kleidern
gehen am Meer entlang, auf den Absätzen wankend und schwankend,
die Herren, die weißhaarigen, stützen sie,
ihre Schnurrbärte riechen nach Wein und Angst.

¹ *die beiden Bände, die weißen* – A. A. Wwedenskij: *Gesammelte Werke in 2 Bänden.* Moskau 1993.
Man unterschied Bücher in der Sowjetunion, als sie noch eine der Mangelwaren waren – liebevoll und sehr persönlich nach ihren Farben: »Nein, ich habe einen braunen Tolstoj, dort sind die Kommentare nicht so ausführlich« – »Ja, das ist der türkisblaue Tschechow, die kritische Ausgabe«.

² Nonsens – russ.: bessmysliza, Unsinn, also Absurdität.
Die Übersetzerinnen, Elke Erb und ich, haben uns für das Wort »Nonsens« entschieden. »Das Absurde« scheint doch für die westlichen Absurden reserviert. Auch »Unsinn« wäre ein gutes Wort. Das Problem ist, dass die Oberiuten ihre eigene Art Unsinn erfunden haben, die noch ziemlich unerforscht ist und eine eigene Bezeichnung verdiente. Ideal wäre, das Wort »bessmysliza« auch in Fremdsprachen für den »Nonsens« der Oberiuten zu verwenden.

³ *die Möglichkeit eines Nichtverstehns* – ein Zustand, den zu erreichen sehr schwierig ist. Wwedenskij schrieb: »Jeder Mensch, der die Zeit wenigstens ein wenig nicht verstanden hat – und nur der, der sie nicht verstanden hat, hat sie wenigstens ein wenig verstanden –, sollte aufhören, auch das Existente zu verstehen.« Natürlich hat derjenige, der die Zeit (nicht) verstanden hat, auch Gott und Tod (nicht) verstanden. Der Verstand ist ein Mittler.
Der russische Philosoph Valerij Podoroga sagte in Bezug auf die Oberiuten, insbesondere Wwedenskij: »Der Dichter ist ein menschliches Wesen (ob ein Vernunftwesen, weiß ich nicht), das mit der Welt in Berührung kommen will, aber ohne Mittler. Und dieser Wunsch ist im Grunde unsinnig und für den Dichter gefährlich, denn der letzte Mittler, der zu beseitigen ist, wird er selbst sein.« (In der Zeitschrift »Logos«, Nr. 4, 1993).

⁴ *die Risse* – Wwedenskij und Charms haben mit mentalen Zuständen experimentiert, die ihnen helfen sollten, hinter die Trennwand zwischen der Welt und dem, was hinter der Welt ist, zu schauen oder sie zu durchlöchern. Der Zugwind, der aus diesen Rissen kam, war die Bessmysliza, der Unsinn. Sie haben Äther eingeatmet, Träume gesammelt und die Gegenstände von ihren Bedeutungen getrennt. Allerdings bin ich überzeugt, dass das nicht das Eigentliche war.
Will sagen: alles, was sie als Dichter erreicht haben, haben sie nicht mit Hilfe solcher Experimente erreicht. Sie waren zu sehr Literaten.

⁵ *Sabolozkij schrieb Wwedenskij einen Brief* – Nikolaj Sabolozkij fand irgendwann seine Freunde doch all zu unsinnig. Besonders den besonders konsequenten Wwedenskij. Da er ein hervorragender Lyriker und ein kluger Mensch war, konnte Sabolozkij seine Verteidigung des gesunden Menschenverstandes gut formulieren. Sein Brief ist eine Deklaration der Selbstbewahrung. Er wollte nicht zu weit gehen.

Weil er aber einen Teil dieses Weges mitgeschritten war, blieb ihm nichts übrig als zurückzugehen. Die späten Gedichte von Sabolozkij sind angenehm und gut, aber sie sind nicht mehr die gewagten Entdeckungen des frühen Sabolozkij.

Aus dem Brief (Teil IV):
»Die Wahl des Themas
Dieses Element ist in Ihrem Schaffen naturgemäß entfallen … Ihre Gedichte stehen nicht auf dem Boden, auf der Erde, auf der wir leben. Ihre Gedichte erzählen nicht von dem Leben außerhalb Ihrer besonderen Wahrnehmung und Erfahrung, sie haben kein kompositorisches Gerüst. Schillernde Steine fliegen einer nach dem anderen und seltsame Töne sind zu hören – aus der Leere; das ist Spiegelung nicht existierender Welten. So sitzt ein blinder Meister und schnitzt seine fantastische Kunst. Wir sind bezaubert und gebannt. Die Erde entgleitet uns unter den Füßen und trompetet aus der Ferne. Aber am Morgen erwachen wir in denselben irdischen Betten und sagen uns:
– Der Alte hat sich geirrt.«

[6] *»Unschönes Mädchen«* – Titel eines Gedichts des späten Sabolozkij, das uns nahelegt, innere Schönheit sei wertvoller als äußere.

[7] *Und allerhand Dumme sonst* – Wwedenskijs einziger Roman trug den Titel »Mörder ihr seid dumm«. Er ist – ein unersetzlicher Verlust – verschwunden. Obwohl es ihn in mehreren Kopien gegeben hat. Die ihn lesen konnten, sagten, er sei genial.

Das Leben hat über den Tod gesiegt, auf eine mir unbekannte Weise

(Über die lebendigsten aller russischen Klassiker)

Nichts fördert die Liebe zur Literatur so sehr wie die offizielle Unterdrückung der Literatur. Wer das nie erlebt hat, kann sich nicht vorstellen, wie kostbar in der spätsowjetischen Zeit die illegal kopierten Werke von Nabokov, Mandelstam, Brodsky oder Charms waren. Heute stehen die Bücher der einst verbotenen und unterdrückten Autoren in den Klassikerregalen. Sie sind gelesen worden, richtig oder falsch verstanden worden und nun vielleicht nicht mehr aktuell. Ein ganz normaler Vorgang. Aber um eine Gruppe von Dichtern der ersten Hälfte des 20. Jahrhunderts hat sich die Spannung erhalten.

Als ich vor kurzem ein langes Gedicht mit dem Titel »Wwedenskij« veröffentlicht hatte, erhielt ich einen Brief aus Minsk. Ich erlaube mir, ihn zu zitieren, weil er die Bedeutung Alexander Wwedenskijs und der Seinen, der sog. *Oberiuten,* bezeugt: »Ich würde das Genre Ihres Gedichts als Ehrengabe bezeichnen. Eine lang erwartete Gabe, die wohl für die gesamte Generation spricht. Wir trinken aus dieser Lebensquelle und bedanken uns nicht.«

Die Oberiuten – wer waren sie? In den ersten Jahren des 20. Jahrhunderts geboren, erlebten sie die Zeit der Oktoberrevolution 1917 fast noch als Kinder. Dass sie, als die letzten Vertreter der russischen Moderne, das gesamte Spektrum ihrer Strömungen – von den mystisch gestimmten Symbolisten bis hin zu den avantgardistischen linken Futuristen – berücksichtigt, umgedacht und abgeschlossen

haben, ist ein Wunder zu nennen. Wie Daniil Charms schrieb: *Das Leben hat über den Tod gesiegt, auf eine mir unbekannte Weise.*
Das Wunder war ein Leitmotiv für Charms und seine Freunde, ein Thema, das sie immer wieder behandelten.

Ein weiteres Wunder:
Es hätte so kommen können, dass auf ihrem Platz ein Nichts steht. Mit unübersehbaren Folgen für die Entwicklung der russischen Literatur. Wir hätten ihre Namen lediglich in einigen Erinnerungsbüchern lesen können, wie z. B. bei dem Dramatiker Jewgenij Schwarz:
Eben bei ihnen begriff ich, dass Genialität nicht ein Grad der Begabung ist, oder nicht nur das, sondern eine besondere Veranlagung des ganzen Wesens.
Wir kennen ihre Texte nur, weil einer von ihnen, der Philosoph Jakow Druskin, im belagerten Leningrad beinahe verhungert, sich eines Tages zur Wohnung des verhafteten Daniil Charms begab und dessen Archiv auf einem Kinderschlitten zu sich nachhause brachte. Er hätte auf dem Hin- und Rückweg unter den deutschen Bomben sterben können, oder am Hunger, wie mehr als eine Million Einwohner in Leningrad; oder er hätte verhaftet werden und das Schicksal seiner Freunde teilen können.

Daniil Charms verhungerte 1942 im Gefängnisspital, Alexander Wwedenskij starb 1941 beim Häftlingstransport, Nikolaj Olejnikow wurde 1937 verhaftet und erschossen, Nikolaj Sabolozkij kam 1939 in Haft, Leonid Lipawskij ist 1941 im Krieg gefallen. Jakow Druskin lebte bis 1980 im ständigen Dialog mit den Gegangenen, er schrieb:
Es ist peinlich, über sich selbst zu sprechen. Deshalb werde ich kurz sein: Mich interessiert die letzte Teilung. Was ich darunter verstehe, ist: Ich blieb allein.

Nach den Oberiuten kam eine lange sowjetische Nacht. Erst etwa ab Ende der 1950er Jahre versuchten die Nachgeborenen, eine schmale Brücke zu bauen zu der gewaltsam abgebrochenen Tradition.

Dank Anna Achmatowa entdeckten Joseph Brodsky und sein Kreis die Poesie der klassischen Moderne. Aber noch nicht die Oberiuten. Michail Mejlach, der sehr viel für die Erhaltung und Verbreitung der Texte der Oberiuten getan hat, erinnert sich, wie distanziert, ja ironisch Brodsky sich ihnen gegenüber verhielt. Ebenso wie Achmatowa, seine Mentorin. Und sie verhielt sich so, weil sie dachte, die Oberiuten seien ihr gegenüber zurückhaltend, ja ironisch gewesen (was stimmte). So ist das literarische Leben.

Für die nächste Generation waren Achmatowa und Mandelstam schon selbstverständlich. Aber das »Tauwetter«, das dieses Erwachen ermöglicht hatte, war schon vorbei. Die Lyriker der 70er Jahre hatten keine Hoffnung auf kulturelle Freiheit (Brodsky und seine Altersgenossen hatten noch gehofft, wenn auch letztlich vergebens). Vielleicht fügten sich die Oberiuten besser in das triste Post-»Tauwetter«. Ihre Texte wirkten auf die damals in Leningrad entstehende sog. »zweite Kultur«, deren Transportmittel Schreibmaschinenkopien und Hauslesungen waren. Diese heute schon legendäre »zweite Kultur« ist für die gegenwärtigen jungen Dichter in Russland von großer Bedeutung. Und auf diese Weise bleiben die Oberiuten Schutzpatrone vieler angehender Literaten.

Wie leben Dichter in einem totalitären Staat? Man denkt an Hausdurchsuchungen, Verhöre, Lager usw. Richtig. Aber da ist auch das quälende Alltägliche: nicht zugehörig zu sein, arm zu sein, schlecht gekleidet zu sein, in einem dürftigen Ambiente zu wohnen, den anderen, die über bessere Anpassungsfähigkeiten verfügen, als ein sonderbarer Kauz vorzukommen. Man muss sehr widerstandsfähig sein, um sich von der allgemeinen Ästhetik abzuwenden und in einem winzigen Kreis eine autonome Welt zu schaffen.

1933 bis 1934 protokollierte (oder wie er selbst sagte: *fotografierte*) Leonid Lipawskij die Gespräche, die die Oberiuten in ihren kargen Zimmern bei spärlichem Essen und manchmal reichlichem Trinken führten. Diese Aufzeichnungen sind ein in der Literaturgeschichte einmaliges Dokument (1992 erschienen, von Peter Urban übersetzt, Auszüge daraus in *Schreibheft*, Nr. 39 und 40).

Meine Ex-Frau hatte eine erstaunliche Fähigkeit. Jederzeit konnte sie mit der Hand bei sich an der Brust suchen und einige Flöhe herausholen. Ich habe solche Leute nie mehr getroffen. Mich beißen die Flöhe nicht so oft. Dafür sind das dann aber große Flöhe. So einer macht die Tür auf, hebt die Bettdecke hoch und legt sich hin, und für mich ist kaum noch Platz –

erzählte Charms seinen Freunden. Man erkennt sofort den Charms'schen poetischen Duktus. Sie sprachen oft zugespitzt und entdeckten für sich das große Potential des Absurden, wofür sie den Begriff »Bessmysliza«, Unsinn, verwendeten. Sie liebten jede Form des Gesprächs, schrieben Dialoge, auch Stücke. Leonid Lipawskij:

Wie schön ist ein uneigennütziges Gespräch. Zwei Göttinnen stehen hinter den Redenden: die Göttin der Freiheit und die Göttin der Ernsthaftigkeit. Sie schauen die Menschen wohlwollend und respektvoll an, sie hören interessiert zu.

Die Oberiuten vollführten einen Sprung von Tschechow, dessen Alltagsgeschichten an der Schwelle zum absurden Theater stehen, in das Unbekannte des 20. Jahrhunderts. Bei allen Unterschieden zwischen Ost und West gab es im Verlauf des 20. Jahrhunderts doch einen gemeinsamen Atemrhythmus. Wenn wir heute die sowjetischen und die westlichen Filme aus den 30er oder 60er Jahren anschauen oder in der Mode dieser Zeit auf bestimmte Schnittblumen und Haarschnitte treffen, sehen wir eine erstaunliche Ähnlichkeit. Auch die Ideen und die Arten, sie in Wörter zu setzen, gehören dazu. Das Denken der Oberiuten stand der existentiellen Philosophie verblüffend nah, und sie entdeckten das Absurde nicht nur

73

vor Beckett und Ionesco, in einem gewissen Sinn waren sie auch radikaler:

Und überhaupt: jede Beschreibung ist unbestimmt. Der Satz: »Ein Mensch sitzt, über seinem Kopf ist ein Schiff« ist bestimmt richtiger als »Ein Mensch sitzt und liest ein Buch« –

schrieb Wwedenskij. Hinter dem Absurden eines Beckett oder Ionesco bleibt immer noch ein Sinn zu vermuten. Der Aufbruch der Oberiuten in den Unsinn war kompromisslos konsequent.

Diese Radikalität ging einem der Freunde sogar zu weit: Bereits 1926 schrieb Nikolaj Sabolozkij »Meine Einwände gegen A. Wwedenskij, die Autorität des Unsinns« und verlangte eine allgemeiner gültige Logik. Es war vielleicht kein Zufall, dass Sabolozkijs Name als einziger schon damals außerhalb der Leningrader Bohème bekannt geworden war. Er überlebte das Lager und fing nach seiner Entlassung 1944 ein neues Leben als ein ganz anderer (obwohl auch guter) Dichter an.

Es wäre falsch, die Oberiuten als politische Dichter und ihre Spiele mit dem Unsinnigen als maskierten Protest gegen das Regime zu sehen. Sie waren keine Helden und suchten keine Konfrontation mit der Macht. Sie übten ihre eskapistischen Literatenberufe aus (Kinderliteratur, Übersetzung), und außerhalb dieser Brotarbeit schrieben sie so, wie sie es selbst für richtig hielten. Sie fühlten sich als die Letzten, die Aussterbenden einer anderen Kultur, wie z. B. dieses Fragment aus den »Gesprächen« zeigt:

JAKOW DRUSKIN: Manche haben diese Veränderungen des Menschen, denen wir jetzt beiwohnen, vorausgesehen – als käme in der Tat eine neue Rasse zum Vorschein. Aber alle haben sich das ungefähr und unrichtig vorgestellt. Wir jedoch sehen es mit eigenen Augen. Wir sollten darüber ein Buch schreiben, ein Zeugnis ablegen. Denn später wird es unmöglich sein, diesen für uns so deutlich spürbaren Unterschied zu begreifen.

LEONID LIPAWSKIJ: Das ähnelt den Aufzeichnungen des Marc Aurel in einer Zeit an der Grenze des Imperiums, in das er nicht mehr zurück kann und in dem er eigentlich nichts mehr zu suchen hat.

Ein weiteres Oberiuten-Wunder: Einer der Oberiutenforscher, Vladimir Glozer, hat die Frau von Daniil Charms, Marina Malitsch, ausfindig gemacht. An der Karibikküste, in Venezuela. Nach dem Tod von Charms wurde sie evakuiert, sie geriet in die okkupierte Zone und wurde nach Deutschland gebracht, wo man sie als Sklavin in einen Haushalt gab. Nach dem Krieg ist es ihr gelungen, weiter nach Westen zu ziehen. – An einem wunderschönen sonnigen Wintertag 1942 wanderte sie zum Gefängnisspital mit einem Päckchen, das wohl ihre gesamte karge Ration im belagerten Leningrad enthielt; auf dem Weg über die vereiste Newa traf sie zwei Jungen, die vor Schwäche umfielen, sie ging weiter und erfuhr, dass Charms gestorben war. Reue stach sie wegen der beiden Jungen. – Glozers Buch beruht auf Tonaufzeichnungen von Marina Malitsch-Durnowo.* Viele Oberiutenfachleute meinen, das Buch sei frei erfunden. Ich aber kann nicht glauben, jemand sei so begabt, so etwas zu erfinden.

Leider sind die Literaturwissenschaftler, die sich der Oberiutenforschung verschrieben haben, hoffnungslos zerstritten. Eine Folge ihrer komplizierten Rivalitäten war die massive rechtliche Behinderung der Publikation und des Nachdrucks der Werke Wwedenskijs. So wurden die Exemplare der musterhaften Wwedenskij-Ausgabe Michail Mejlachs zu unerschwinglichen Raritäten. Die von Va-

---

* dt.: Marina Durnowo: *Mein Leben mit Daniil Charms. Aus Gesprächen zusammengestellt von Vladimir Glozer.* Aus dem Russ. von Andreas Tretner, Berlin: Galiani 2009

lerij Saschin herausgegebene zweibändige Oberiuten-Sammlung konnte nur mit leeren Seiten an Stelle der Gedichte Wwedenskijs nachgedruckt werden. Im Anhang allerdings sind diese im Buch nicht vorhandenen Gedichte kommentiert! Sicherlich verstärkten solche Behinderungen das ohnehin stetig wachsende Interesse an den Oberiuten.

»Ich nehme an, wenn sich die Mode der ›unerforschten weißen Flecken‹ der russischen Literatur wieder legt, wird es ein ziemlich kleiner Teil der Leser sein, der Alexander Wwedenskij wirklich als ›seinen‹ Autor bezeichnen wird« – schrieb vor etwa 15 Jahren die vorzügliche Oberiuten-Forscherin Anna Gerassimowa und gründete unter dem Namen »Umka« eine (auch nicht schlechte) Rockgruppe.
Heute kann man sagen, dass ihre kulturpessimistische Vermutung falsch war. Das Interesse ist erhalten geblieben und wächst noch immer. Der wirkliche Einfluss der Oberiuten auf die russische Dichtung beginnt erst jetzt. Und sie selbst, Anna Gerassimowa, ist unerwarteterweise ins Oberiuten-Fach zurückgekehrt: Im Jahr 2011 konnte sie eine neue Sammlung von Wwedenskij-Texten herausgeben, die in Russland sofort eine Kontroverse hervorrief, mit einer Heftigkeit und Leidenschaft geführt, die man kaum bei den Gesprächen über neue Bücher neuer Autoren antrifft. In der Tat: Die Oberiuten bleiben lebendig. Mehr als lebendig.

VERSE VON ROM

Meine römischen Gedichte sind für Jelena Schwarz geschrieben, 1949-2010, die große russische Dichterin. 2006 erschien ein Buch mit den beiden Gedichtzyklen über Rom, die wir einander gegenseitig gewidmet haben.* Ich habe in diesem kleinen Begleittext, der geschrieben wurde, als Jelena Schwarz noch lebte, und der davon berichtet, wie es war, nichts geändert. Der Kommentar zur Entstehung eines der Rom-Gedichte (auf den Seiten 89-92 zu lesen) wurde später geschrieben.

ROM LIEGT IRGENDWO IN RUSSLAND

Rom liegt irgendwo in Russland, am Rande. Vielleicht am Baltischen Meer oder am Schwarzen. Ein beliebter Ausflugsort für die Kulturruinenbegeisterten unter uns. Russische Touristen schreiben gerne Gedichte. Eine Anthologie der russischen Gedichte über Rom ergäbe einen dicken Band. Aber nicht nur die Springbrunnen und Pinien dieser Stadt rascheln in unseren Büchern (*Lorbeer raschelt wie ein Buch, in dem alle Seiten zugleich aufgeschlagen sind*, schrieb Brodsky in einer seiner »Römischen Elegien«), seit zwei Jahrhunderten besiedeln die Russen Roms sieben Hügel. Nicht nur

* Olga Martynova / Jelena Schwarz: *Rom liegt irgendwo in Russland. Zwei russische Dichterinnen im lyrischen Dialog über Rom.* Gedichte. Russisch / Deutsch. Aus dem Russischen von Elke Erb und Olga Martynova. Wien-Lana: edition per procura 2006.

Nikolaj Gogols Krähen-Gesicht lächelt von der Wand des »Caffè Greco« unter dem glatten fettigen Haar hervor; ganz Italien ist mit von Russen gestifteten Gedenktafeln behängt. Als Jelena Schwarz mich durch Rom führte, stürzte sie immer wieder zu irgendeiner Hausecke, weil sie sich dort eine gemerkt hatte. In italienischer und russischer Sprache stand geschrieben, wer und wann hier gewohnt hat.

Dazu muss man sagen, dass die Lieblingsbeschäftigung der Russen nicht das Wodka-Trinken ist – wie man im Westen irrtümlicherweise annimmt –, auch nicht das Sich-Prügeln, auch nicht das Singen von Zigeuner-Liedern. Die Lieblingsbeschäftigung der Russen ist das Anbringen von Gedenktafeln. Vor kurzem verabschiedete die Moskauer Stadtregierung einen Erlass: *Das eigenmächtige Anbringen von Gedenktafeln und Aufstellen von Denkmälern wird strafrechtlich verfolgt.* Um so heftiger behängen wir fremde Wände, falls uns eine gütige fremde Obrigkeit das erlaubt. Die russische Gemeinde in Bologna hat Geld für eine Gedenktafel für Joseph Brodsky in Venedig gesammelt. Dann hat eine russische Bologneserin Jelena Schwarz in Rom angerufen und gefragt, ob und wo in Venedig die Tafel platziert werden müsse. »Fragen Sie doch die Witwe des Dichters«, sagte Jelena Schwarz. »Ja, das haben wir schon, sie meint aber, dass sie gar nicht so sicher ist, ob es Joseph Brodsky überhaupt recht wäre …« Die Entscheidung ist noch in der Schwebe.

Warum wurde Jelena Schwarz in dieser Frage angerufen? Vielleicht, weil sie als Gast der Brodsky-Stiftung in Rom war. Zweck der Stiftung ist es, russischen Dichtern für eine Weile die bedeutendste Stadt in den Provinzen der russischen Poesie zu schenken. Aber in Wirklichkeit (in der speziellen Wirklichkeit, in der die Dichter leben) war Jelena Schwarz längst in Rom: seit Cynthia. Dieser Frau, die eigentlich Hostia hieß und nur in den Gedichten von Properz zu Cynthia wurde, verlieh Jelena Schwarz eine Stimme (beide,

Cynthia und Properz, lebten in Rom im ersten Jahrhundert v. Chr., beide wurden berühmt dank seiner Elegien an sie, beide waren haltlos und gemein, sie wahrscheinlich haltloser und gemeiner als er – nur blieb sie stumm wie ein Fisch, bis Jelena Schwarz ihre beiden *Cynthia*-Bücher verfasste). Schreibmaschinen-Kopien dieser Cynthia-Gedichte (die mir nun in einer zweibändigen Werkausgabe mit sandfarbenem Umschlag vorliegen) waren das erste, was ich vor mehr als zwanzig Jahren von Jelena Schwarz gelesen hatte. Man verliebt sich in diese Zeilen sofort. Über den armen Properz ist da nicht viel: *Amor ist schrullig – ich Arme liebe ein kahles Ungetüm* und *Wieder kam mein Properz zu mir zurück – So ein Glück für Cynthia! Verkratzt ist er, verweint, abgeschabt, kahl, schmutzig, abgemagert.*

Ich fuhr nach Rom, um Jelena zu sehen. Ein älterer deutscher Geheimrat soll gesagt haben, dass, wer Italien, insbesondere Rom, sich gut angeschaut hat, nie mehr ganz unglücklich sein kann. Das klang, als wir dort waren, wie eine Beschwörung in unseren Ohren. Eigentlich aber waren wir glücklich, dass wir uns wiedersahen. Aus diesem Glück heraus versprachen wir einander, die Gedichte von Rom und Italien, die wir nach diesem Treffen (vor Weihnachten 2001) schreiben würden, in einem Büchlein zusammenzuführen.

Als unsere gemeinsame Zeit in Rom verflogen war, setzte ich mich in ein leeres Coupé, schloss die Augen und schlug sie erst in Mailand wieder auf. Jelena ist inzwischen wieder in Petersburg, wo sie seit 1948, dem Jahr ihrer Geburt, lebt. Manchmal denke ich, dass ganz Petersburg, die Hauptstadt der russischen Dichtung, auf ihren schmalen Schultern steht.

I

Alle Städte rücken aus schmutzigem Müll und Rauch die Ecken ihrer Plätze vor,
Balkone, Erker, Löwen offenen Munds, Löwen geschlossenen Munds,
ihre pseudoklassische Asche, die den Kopf überschüttet –
jetzt sah Roms Lapislazuli ich mit dem Blick, der glitt über deutsches Zinn.

Im Dezember zünden die Städte scheinheilige Kerzen an.
Zu jeder Stadt, die in ihren Netzen schlägt,
sage ich hastig in fremden Lauten: *ich liebe dich* –
raue Kehle des Langbeins Marlene, Knochenhärte
berlinischer knarrender langgezogener längst verschlissener Rede.

Zu dieser Redeweise findest du keine sprechenden Menschen mehr.
Wie ein Fisch in der Schüssel schlug sie mit der Lippe an das Email und entschlief.
Nur die rötlichen römischen Katzen schnurren was aus dem Tibull mit Marlenes R-r-r.

(Und wo steht die Laterne, wo steht die Kaserne?
Dort, wo der Schal blau flattert und die Drachensaat keimt.)

Rom, ich mochte deine Matrjoschka-Plätze
wegen eines Treffens, das unverhofft war und wärmte im Winter.

II

Inmitten von Zuckerbarock,
von Hufen, Nüstern, Gelock,
von altem wie Glimmer blättrigem Blut –
leckt die Sonne an den Krusten der verwilderten Zeit.
Fetzen von den Kalendern, die einander zerrissen haben,
greift sich der Wind.

Die Bruchstücke hier, die Stummel und Späne in den goldenen und kristallenen Särgen,
die Fußvolk- und Fingerglieder, all das tanzt über schmatzender, schmatzender Erde,
es riecht nach Geilheit und Infanterie von den unverweslichen Hemden.
Sickert durch Klostermauern. Den Mond, diese Flunder,

graut es, sich Ende Dezember zu zeigen in den verworrenen Zweigen,
in den verworrenen Sprachen, karbonsauren schütteren Netzen –
Pomeranzen leuchten im Schwarz zur Nacht verschlossener Alleen,
eine Katze schaut mit Augen kalt wie die Pomeranzen, durch den Kreuzgang fort huscht
jemands Schatten.

Lapis niger, der schwarze, der braune Stein,
die graue Asche, die wir abstreiften auf dem vorweihnachtlichen Forum
(Romanum), unentwegt von den Zigaretten –
Wunderlehm künftiger Erinnerung das.

Die Grube Sibyllas, und Augustus ganz Ohr, dort brodelts und köchelts,
auf dem Pfeil, der hängt, steht: S. Bambino.
Wieviel Spielzeug hast du doch, Rom –
Knochen, Knorpel, Schädel, Schildkröten, Frösche.

III

Jäh schreit nun die Schulter, als schneide Riedgras ein.
Und verstummt wieder. Und schreit erneut.
Das unschuldige Wasser des unschuldigen Barock,
das (nicht) zu murmeln vermag, dass der Schmerz (nicht) für immer ist.

Die Tasche, von runden Tagen prall,
und noch schwarzem Stein, braunem Stein, grauer Asche –
schneidet sich ein mit dem Riemen zwischen Schulter und Hals
wie der Kragen aus grünem Gras dem Satyr, der sich neben die Kirche gelegt hat,
brauner Torso des Babuins, weißer Satyrkopf,
und zwischen beiden das Gras.

Kommst du nach Carrara mit dem Zug, schau aus dem Fenster:
Würfelzucker aufgehäuft, in der Teenacht nicht auflösbar,
freilich süßen die Sterne den bitteren Nachttee nur mit den Augen,
die Zuckerwürfel leuchten in die frühe Winternacht, aber
ihre Strahlen
bleiben ohne lebendige Kreuzung mit ihrem Mond.
In ihrer toten Kreuzung spreche ich nicht mit mir.

Ihre Strahlen
zittern nicht, sind ohne Leben,
wie die Kerzen in den lateinischen Kirchen,
elektrischer Geruch von scheinbarem Wachs,
wie ein Spielzeugzug auf deutschen Bahnhöfen seine Münzen schluckt,
entgilt der Täuschung Kerze die Träne Münze.

IV

Rome reminds me of a man who lives by exhibiting
to travellers his grandmother's corpse.

James Joyce

Rom – ein Trichter, eine riesige feuchte Schnecke,
die die Bewunderung einsaugt, die Sonne speit.
Alles fliegt in diesen Schlund. Rom – der Tiegel,
die Zeit zu dünsten darin,
Rom mag zum Frühstück Kutteln: Minuten,
geht zum Ewigkeitsladen, kauft eine Niere ein,
isst, wirft einen Bissen der heidnischen Katze zu, da lächelt das harte Fellchen
zwischen den Schulterblättern.

Ja, man hört hier noch, wie das Blut schwappt in der Arena.
Unerheblicher Flicken auf dieser paradierenden Ewigkeit.
Abstoßende Oblate braver Vernunft,
armer irischer Kinderschreck, Weh über seinen Verstand,
Rom, sagte der, *ist wie jemand,*
der davon lebt, dass er den Besuchern
die Leiche seiner Großmutter zeigt.

(Warum nicht, wenn sie hinsehn?
Und die Großmutter ist ja nicht deine.)

V

Von Petersburg – die Kälte, die Unwirtlichkeit, den fliegenden ziellosen Pfeil.
Von Paris – den Wildwuchs der Konditoreien, den Durchzug.
Von Wien – den schamlosen, dreist-unausweichlichen Marmor.
Von Berlin – Marlene.
Von Prag – die Wächterengel auf ihrer Brücke.
Von München – den Schatten des sich uns immer weiter abwärts entrückenden Flusses.
Von Gogol – die getilgte Grenze zwischen Leben und Tod, Leere ausatmend.
Von Brjullow – seine eifersüchtige Toska.
Vom Ruhme Gottes – den Triumphbogen der Schmach.

Verschwenderisch hingeworfen die Sonne in Stücken bei jedem Kiosk.
Bei jeder Pinie – ihre eigene Feuersäule.
Ein trauriger Schatten umarmt den Friedensengel mit dem gezogenen Schwert.
Durch die der Welt sichtbaren Wellen trägt der Tiber
die unsichtbaren Gebeine
(jener Französin Brjullows, die sich empört ertränkte).

… Ja, das Schicksal spielt hier noch
Gladiatoren-Fußball.

VI

Auf den vielen Handtellern, aus der stummen Erde gewachsenen,
auf den Marmorzungen, aus den eitlen Gebäuden gestreckten,
auf dem zerschlagenen Glas des allgegenwärtigen Wassers, ewigen Kreisels,
ein Quäntchen Spatz,
ein Scherbchen spitz des Kometen,
das die Stadt schenkt. die Welt nimmt.

Schlüssel und Bienen:
Die einen öffnen nicht,
die anderen stechen nicht.

VII

Jungen Wein in der alten Stadt tranken zwei frierende Schatten,
der eine wandte sich von den Schlüsseln ab, der andere nahm sie ohne hinzusehn,
der eine beschirmte sich vor dem Leid, der andere vor der Trägheit.
Die pelzigen Bienen surrten das Honiglied der Newa.

Verse von Rom (2)

Wer weder Fluss noch Himmel hat
und nicht Stadt noch Welt,
hockt auf dem Stänglein und zwitschert was,
hat es nicht windig noch kalt noch nass.

Die Pfützen schmatzen, da sie den Regen kaun.
Was ist unauffälliger als die Zeit?
Dies Rätsel, das ungelöst bleibt, gibt der Regen auf,
eine Landschaft ist er, die ein Igel wegfraß, ein gläserner Stachelleib.

Keine armselige Freude von meiner rotierenden Zeile,
kein Laut, kein Schluchzer,
auf der Zunge laufen frostige Kommata, Punkte,
die Luft wurde kälter, stülpt die Lippen zu einem Vogelschnabel.

In kalten Schlangen stehen die Tage,
einer nach dem andern verschwindet hinter der schwarzen Tür,
einen treibt Wollust, einen anderen Neid, den dritten Neugier zur Eile,
doch hinter der schwarzen Tür sieht man nichts.

Es regnet, tauende Zeit, die Müdigkeit und das Gähnen
sitzen umarmt auf der Vortreppe, zwitschern sich was.

Verse von Rom (3)

Wenn auch der etwas verspätete Herbst
sich aufblätterte wie Glimmer
und der sich arm stellende November die Kastanien in den Taschen versteckt,
brachten unbekannte Geister aber doch über Nacht
duftende römische Zapfen – von den freigebigen römischen Pinien.

Ermanne dich, Herbst, es ist kein Unglück,
dass den Rand deines zahnlosen Zahnfleischs
Zitronen-Raureif beizt,
dass du den dunklen Tag nicht lieben kannst und auch nicht nicht mehr lieben,
und du sagst: »Halt dich still, dummes Herz«,
und du den dunklen Tag nicht nennen magst mit seinem Namen,
dass der Park weint, schwarzgelb wie der Pirol.

Dass die Erde überladen, der Himmel leer ist
(in ihm säuert nur nieselig die Luft),

dass der schreckliche Marmor der römischen Kolonnaden
aus der Erde ragt, als wäre da
eine Kuh verscharrt mit dem Euter nach oben –

im Winter nach Rom zu kommen,
ist wie im Schweigen (Rauschen) des jungfräulichen Wassers das Herz zu ertränken,
wie die Sonne aus Schnee auszugraben.

EINE KUH VON ROM

Geschichte der Entstehung eines Gedichtes*

Wüssten Sie, aus welchem Ausfegsel
Die Gedichte wachsen, schamlos,
Wie ein gelber Löwenzahn am Zaun,
Wie Klette und Melde.

Ein mürrischer Schrei, ein frischer Teergeruch,
Rätselhafter Schimmel an der Wand …
Und das Gedicht ertönt, übermütig, zart,
Euch und mir eine Freude.

*(Anna Achmatowa,
übersetzt von Olga Martynova)*

Das Gedicht »Verse von Rom (3)« kam aus der Erinnerung an Rom
und an das Treffen mit Jelena Schwarz im winterlichen Rom 2001.
Aus einem Doppelgefühl: einerseits aus dem Glück dieses Treffens
und andererseits aus der traurigen Tatsache, dass wir uns sonst sehr
selten sahen. Die Erinnerung, die zu dem Gedicht führte, kam von
den beiden Pinienzapfen, die auf die Vortreppe des kleinen Häus-
chens im Garten der Villa Medici gefallen waren, in dem Jelena als
Stipendiatin der Brodsky-Stiftung lebte, und die ich nach Frankfurt
mitbrachte. Die Zapfen ihrerseits machten auf sich aufmerksam,
indem sie sich unverhofft öffneten und die Kerne freigaben. Der
harzige Geruch dieser Pinienkerne also war der Anfang der Kette.

Das Gedicht war schon fast da. Rom im Spätherbst/Frühwinter.
Die kalten gelben Zitronen und die säuerliche Nässe des südlichen

---

* geschrieben für: *um ein Gedicht zu machen. Ein Album zum Ernst-Jandl-Preis für
Lyrik.* Wien-Neuberg/März 2011

Winters. Aber es fehlte dem Text noch Substanz, um wirklich anzufangen zu existieren. Das Gedicht wollte nach Rom, und ich hatte nichts dagegen, dass es nach Rom kommt. Aber es hatte noch keine Kraft und wartete. Ich wartete auch. Es kann sein, dass ein Gedicht nicht gelingt – ich meine, dass sein Autor nicht zu dem Schluss kommt, es sei gelungen.

Es gibt verschiedene Wege zu einem Gedicht. Manchmal findet sich keiner. So ist es mit diesem Abwarten. Was das Gedicht rettete (an Land zog), war der Reim.
Der wunderbare Schopenhauer – man kann in ihm einen Schutzpatron der Dichter und Musiker sehen, da er die Frage beantwortet: Wozu braucht man die Kunst überhaupt noch? – schreibt über den Reim:
»Könnten wir in die geheime Werkstätte der Poeten sehn, so würden wir zehn Mal öfter finden, dass der Gedanke zum Reim, als dass der Reim zum Gedanken gesucht wird.«
Freilich kann der Reim einen auch in die Banalität führen, aber das hängt vom jeweiligen Handwerker ab.
Im Unterschied zu vielen russischen Kollegen bin ich nicht der Meinung, dass die Poesie ohne Reim unmöglich, weil entseelt ist. Aber ich teile auch nicht die Meinung vieler deutschen Kollegen, der Reim sei überholt. Der Geist atmet, wo er will. Auch in den gereimten Gedichten. Auch in den ungereimten.

Wie man dem Reim folgt, ist schwierig nachzuerzählen. Es geschieht sehr schnell. Innerhalb des Bruchteils einer Sekunde prüft der Gedanke viele verschiedene Möglichkeiten. Man fragt mich oft, warum ich Gedichte nach wie vor nur auf Russisch schreibe, während das Deutsche mir für meine Prosa selbstverständlich ist. Das ist eine schwierige Frage, doch ich glaube, endlich eine Antwort zu haben: Gedichte setzen eine andere Geschwindigkeit voraus. Solche Schnelligkeit habe ich auf Deutsch nicht. Mit der Prosa kannst du dir viel Zeit nehmen. Gedichte verlangen zwar gelegentlich auch dieselbe Plage, aber erst in der Phase des Nachfeilens.

So kam aus diesem Vorgang, den ich aufgrund seiner Schnelligkeit nicht ausführlicher schildern kann, eine Kuh, *verscharrt mit dem Euter nach oben*:

> *dass der schreckliche Marmor der römischen Kolonnaden*
> *aus der Erde ragt, als wäre da*
> *eine Kuh verscharrt mit dem Euter nach oben –*

Die Kuh gab dem Gedicht den Raum, die Luft zwischen den Kolonnaden. Nach ihr wurde die Wende von der Kälte des Abschieds zum erinnerten Glück möglich.

Da ich für den Leser der deutschen Übersetzung schreibe, muss ich die Reimstruktur des russischen Gedichtes zeigen. Die Striche, –, bedeuten reimfreie Zeilen. Der Reim, der das Kuheuter ins Gedicht brachte (Raureif–Name–Euter / inejem–imenem–wymenem), ist in Versalien und fett:

1	a	12	d
2	b		
3	–	13	–
4	–	14	d
5	a		
		15	–
6	b	16	–
7	a	17	**C**
8	**C**		
9	–	18	–
10	–	19	–
11	**C**	20	–

Wie das Schema zeigt, ist der Reim nicht regulär und dementsprechend nicht obligatorisch. Ich habe nach diesem Reim nicht gesucht, war ihm dann aber dankbar, dass er kam. Meine Gedichte (nicht alle; solche, die wie dieses organisiert sind) werden in Russland oft als »Freie Verse« bezeichnet. Das heißt, dass viele Kritiker und Kollegen die Reime einfach übersehen, weil sie keinem strengen Reimschema folgen.

Eine deutsche Übersetzung muss nicht reimen. Es ist meine feste Überzeugung, dass die gereimten Übersetzungen dem Reim zu viel opfern. Der Reim ist ein Handlanger des Lyrikers, kein Schmuck. Mit anderen Worten: Kein Zweck, sondern ein Mittel. Hat er das Seine getan, ist es gut. Was eine Übersetzung wiederzugeben versucht, hat nichts mit dem Reim zu tun. Es sei denn – in seltenen Fällen ist das wohl möglich – der Reim kommt und hilft (nach Schopenhauers Art).
Also zwei Pinienzapfen und ein Reim.

ZUSATZ VON ELKE ERB:

Seinerzeit einmal von einem Kürzestzeilen-Gedicht Marina Zweta-
jewas drangsaliert und durch ein langes Poem hindurch von jun-
genhaften Jessenin'schen Tanz- und Triumphreimen gereizt, lernte
ich *oben* auf *Kolonnaden* end-zu-reimen (bei Jessenin kam es dabei
darauf an, dass der Vers seinen Haupton auf das Vers-Ende setzte).
Später folgte Entspannen als Kultur: »Gib erstmal, was da steht«.
Und schau, schon ist ein Großteil getan. Und angebahnt, was dann
bei Olgas Versen bewusst die letzte Arbeit war: die Klanggestalt zu
fördern, die volle Sonanz (und nicht Reim-Sonanz allein) durch
den gesamten Text gehn zu lassen.

Inhalt